Les oiseaux de proie

(Ci-dessus) *Hawks of North America*, Robert Bateman, à l'âge de 14 ans

Édition publiée par les Éditions Scholastic
604, rue King Ouest
Toronto (Ontario) M5V 1E1

Catalogage avant publication de Bibliothèque et Archives Canada

Bateman, Robert, 1930-
        Les oiseaux de proie / Robert Bateman ; traduction, Marie-Josée Brière.

Traduction de: Birds of prey.
Publ. en collab. avec Madison Press.
Public cible: Pour les jeunes.
ISBN 978-0-439-93883-9

        1. Rapaces dans l'art—Ouvrages pour la jeunesse. 2. Rapaces—Ouvrages
pour la jeunesse. I. Titre.

QL674.B38214 2007   j759.11   C2006-905765-6

6 5 4 3 2 1   Imprimé à Singapour par Tien Wah Press   07 08 09 10

Les oiseaux de proie

Robert Bateman

Consultante : Nancy Kovacs

Texte français de Marie-Josée Brière

Éditions Scholastic / Madison Press

Des oiseaux fascinants

J'ai beaucoup voyagé de par le monde et, partout, j'ai admiré des oiseaux de proie dont il me reste aujourd'hui des souvenirs inoubliables. Un jour que j'étais en randonnée dans la montagne, je suis tombé sur une marmotte des Rocheuses à la fourrure argentée. Ravi, j'ai pu l'observer quelques minutes sans qu'elle se soucie de ma présence. Elle s'est soudain mise à siffler, inquiète. Au même instant, j'ai entendu un grondement, comme si un avion passait au loin, et j'ai vu un aigle royal piquer vers le sol. La marmotte a aussitôt disparu dans son terrier, et l'aigle s'est éloigné, contrarié dans sa quête de nourriture.

Nous pensons souvent aux oiseaux de proie, qu'on appelle aussi « rapaces », comme à des humains. L'aigle représente la puissance, tandis que la buse et le faucon incarnent la férocité. Le hibou est un symbole de sagesse dans certaines cultures parce qu'il semble presque avoir un visage humain. Et le mot « vautour » suffit à évoquer la cupidité. Mais les rapaces n'appartiennent pas au monde des humains. Ce sont des bêtes sauvages qui accomplissent une tâche importante. En tuant des proies pour se nourrir, ils aident à contrôler les populations animales.

Où peux-tu voir des oiseaux de proie? Si tu regardes dehors, pendant une balade en voiture à la campagne, tu apercevras peut-être un faucon perché sur un arbre. Si tu t'étends sur le dos dans un champ, par une belle journée d'automne, il se peut que tu voies des buses ou des vautours tournoyer haut dans le ciel. Et si tu examines bien les arbres, dans la forêt, tu pourrais apercevoir une chouette au repos sur une branche.

Je te présente ici quelques-uns de mes oiseaux de proie préférés, en espérant que mon livre t'incitera à partir, toi aussi, à la découverte de ces oiseaux fascinants.

Aigle royal

Longueur : de 84 à 97 cm

Envergure : 2,1 m

Poids : mâle, de 3,6 à 4,5 kg; femelle, de 4 à 5,7 kg

Alimentation : mammifères, petits ou moyens; gélinottes, pigeons, serpents, tortues; à l'occasion, charognes

Aire : Amérique du Nord, Asie, Afrique du Nord

Migration : migration partielle sur de courtes à moyennes distances

Habitat : régions montagneuses

Qu'est-ce qu'un oiseau de proie?

Un aigle descendit de son perchoir, s'empara d'un agneau et l'emporta dans ses serres. Une corneille qui l'observait, jalouse, crut pouvoir égaler la puissance de l'aigle et imiter son vol. Dans un grand bruissement d'ailes, elle fondit sur un gros bélier, mais ses griffes s'emmêlèrent dans la toison de l'animal. Elle eut beau battre des ailes de toutes ses forces, elle était incapable de se dégager. Le berger, en voyant la corneille, courut l'attraper. Il lui rogna les ailes et la donna à ses enfants. Quand ils lui demandèrent : « Père, quelle sorte d'oiseau est-ce là? », il répondit : « Je suis certain que c'est une corneille, mais elle aimerait bien être un aigle. »

– d'après les fables d'Ésope

Les oiseaux de proie font, depuis toujours, l'objet d'histoires et de légendes. En Europe, on a trouvé des dessins représentant des harfangs des neiges sur des murs de cavernes. Dans l'Égypte ancienne, le hiéroglyphe correspondant à la lettre « A » représentait un aigle ou un vautour, alors que le « M » était illustré par un hibou. Admirés par bien des gens et craints par d'autres, les oiseaux de proie sont parmi les créatures les plus impressionnantes de la Terre.

On en trouve partout sur la planète, sauf en Antarctique, et dans tous les types d'habitats : forêts, montagnes, forêts pluviales et déserts. La chevêchette des saguaros (ci-dessous), par exemple, vit dans le désert; elle s'installe dans des nids délaissés par les pics, souvent dans des cactus saguaros. Et la buse pattue niche dans le Grand Nord et migre vers le sud en hiver.

Beaucoup d'oiseaux attrapent et mangent des proies vivantes, mais les rapaces présentent des caractéristiques particulières. Lesquelles? Une vue perçante, et un bec crochu assez tranchant pour déchirer des tendons et des muscles; des pieds robustes aux longues serres acérées qui leur permettent d'attraper et de transporter leurs proies; des ailes et une queue qui favorisent l'agilité et la rapidité en vol. Ces oiseaux sont donc parfaitement adaptés à la chasse.

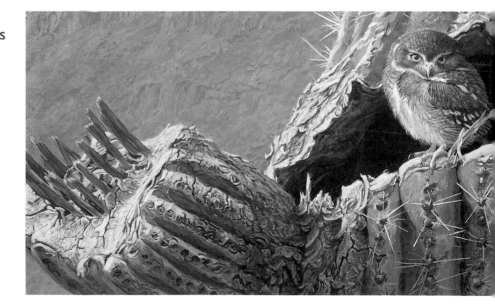

Les espèces d'oiseaux de proie

Les oiseaux de proie se divisent en deux grands groupes : les rapaces diurnes et les rapaces nocturnes. Le groupe des rapaces diurnes compte plusieurs familles : les buses, les éperviers, les aigles et les pygargues, les faucons, les milans, les balbuzards, les secrétaires et les vautours.

Les buses

Les buses comptent plus d'espèces que toutes les autres familles de rapaces diurnes. Elles ont de longues ailes et une queue relativement courte. Elles planent souvent au-dessus du sol, mais elles chassent aussi du haut des arbres ou des poteaux.

Les éperviers

Les éperviers sont reconnaissables à leur vol particulier : ils battent des ailes trois fois et planent ensuite quelque temps. Avec leurs ailes plus courtes et leur queue plus longue que celles des buses, ils sont très agiles en vol, mais plus lents. Ils chassent souvent dans les bois touffus et denses, et on les voit rarement planer en hauteur.

Les aigles et les pygargues

Ce sont les plus gros rapaces diurnes. Certaines légendes racontent qu'ils peuvent s'emparer de petits enfants; des scientifiques ont découvert récemment que c'est exactement ce que faisait l'un des ancêtres de l'aigle couronné – plus gros que lui – il y a deux ou trois millions d'années. Aujourd'hui, les aigles et les pygargues ont très peur des humains et ne sont pas assez forts pour s'envoler avec un enfant.

Les faucons

Rapides et agiles, les faucons peuvent changer de direction en une fraction de seconde et fondre sur leur proie à la vitesse de l'éclair.

Les milans

Ces magnifiques petits rapaces diurnes vivent dans les endroits chauds, et se nourrissent d'insectes, de reptiles, d'amphibiens et d'escargots. En vol, ce sont des acrobates pleins de grâce.

Les balbuzards

Le balbuzard pêcheur est le seul membre de cette famille. Il ne mange que du poisson. Il plonge entièrement sous l'eau pour attraper ses proies et les transporte ensuite vers son perchoir, la tête vers l'avant.

Les secrétaires

Les secrétaires sont aussi les seuls membres de leur famille, et ils ne ressemblent pas aux autres oiseaux de proie. Ils courent après les serpents et les petits mammifères grâce à leurs pattes exceptionnellement longues. Ils tuent leurs proies en les piétinant avec leurs pieds robustes.

Les vautours

Les vautours se divisent en deux sous-groupes : ceux du Nouveau Monde et ceux de l'Ancien Monde. Les vautours de l'Ancien Monde sont des rapaces. Ceux du Nouveau Monde sont plutôt apparentés aux cigognes, mais ils ont toujours été considérés comme des oiseaux de proie parce qu'ils ressemblent aux vautours de l'Ancien Monde et se nourrissent, eux aussi, de charognes.

Les hiboux

Avec leur face ronde concave et leurs yeux qui regardent bien en face, les hiboux ont un air solennel qui donne une impression de sagesse. En fait, les hiboux ne sont probablement pas plus sages que les autres oiseaux.

Buse à épaulettes et buse augure

La buse à épaulettes, qui se nourrit de petits animaux, peut fondre sur ses proies ou chasser au sol en sautillant derrière elles. Elle n'aime pas partager son territoire avec d'autres rapaces, mais elle n'a pas très peur des humains. C'est l'un des oiseaux de proie les plus bruyants, et son cri perçant – un « ki-yeûr » descendant – répété plusieurs fois, résonne dans les forêts qu'elle fréquente.

Les buses à épaulettes et les corneilles d'Amérique essaient parfois de se voler leur nourriture les unes aux autres. Il leur arrive cependant d'unir leurs forces pour harceler un grand-duc d'Amérique qui s'est aventuré sur leur territoire.

La magnifique buse augure est très répandue dans les montagnes d'Afrique. Elle chasse aussi bien du haut d'un perchoir que du haut du ciel. Immobile, elle se laisse porter par les forts vents qui viennent des sommets puis fond sur sa proie.

Buse à épaulettes

Longueur : de 43 à 61 cm

Envergure : de 60 à 127 cm

Poids : mâle, 0,5 kg; femelle, 0,7 kg

Alimentation : petits mammifères; à l'occasion, oiseaux, reptiles, insectes, amphibiens, araignées, invertébrés

Aire : États-Unis et sud du Canada

Migration : en général, seulement les individus les plus au nord

Habitat : marais, zones humides boisées

Buse augure

Longueur : de 50 à 57 cm

Envergure : 1,3 m

Alimentation : petits mammifères et oiseaux terrestres, serpents, lézards, insectes, carcasses d'animaux tués sur les routes

Aire : Somalie, Éthiopie, sud du Soudan, Ouganda, est de la République démocratique du Congo

Habitat : montagnes, collines boisées, savane, forêts, plaines

Robert Bateman

Autour des palombes

Longueur : de 48 à 69 cm

Envergure : de 1 à 1,2 m

Poids : mâle, de 0,7 à 1,4 kg;
femelle, de 0,6 à 1,6 kg

Alimentation : petits mammifères,
oiseaux moyens, sauterelles; à l'occasion,
larves de coléoptères et de papillons de nuit

Aire : Amérique du Nord, Europe; Asie,
de la limite nord des régions boisées aux
régions subtropicales

Migration : migration partielle,
certains sont résidents à l'année

Habitat : forêts, montagnes

Autour des palombes
et épervier brun

L'autour des palombes est un oiseau des forêts, grand et redoutable. Il raffole tout particulièrement de la gélinotte huppée, une espèce de gibier à plumes qui vit dans les bois. Lorsque l'autour repère une proie, il se faufile entre les arbres et les buissons avec une agilité et une détermination remarquables; ses yeux sont rouges et brillants. Une fois rendu assez près, il fond sur sa proie et la transperce de ses serres pointues, la tuant instantanément. Si la proie réussit à lui échapper, l'autour se lance à sa poursuite sans se préoccuper des obstacles, comme les feuilles ou les petites branches, au risque de se blesser lui-même.

L'autour des palombes, dont on admire la force et la férocité, est, depuis longtemps, l'un des oiseaux les plus utilisés en fauconnerie. Son image ornait le casque d'Attila le Hun, qui a conquis l'Europe il y a 1 600 ans.

Comme tous les éperviers, le petit épervier brun vole avec aisance et peut naviguer facilement dans les forêts touffues. Il a les pattes minces, plates sur les côtés. Il chasse surtout des petits oiseaux chanteurs à peu près de la même taille que lui, comme la grive à collier et les attrape au vol avec ses serres crochues. La femelle, presque deux fois plus grosse que le mâle, mange beaucoup plus que son partenaire. Elle peut avaler jusqu'à trois petits oiseaux en un seul repas!

Épervier brun

Longueur : de 25 à 36 cm

Envergure : de 51 à 69 cm

Alimentation : petits oiseaux, poussins; à l'occasion, oiseaux plus gros

Aire : de l'Alaska et du nord du Canada jusqu'au sud des États-Unis; Mexique, Panama, Bahamas

Habitat : grandes forêts reculées

Pygargue à tête blanche

Longueur : de 86 à 109 cm

Envergure : de 1,8 à 2,3 m

Poids : mâle, de 3,6 à 4 kg; femelle, de 4,5 à 6,4 kg

Alimentation : poisson, sauvagine affaiblie, rongeurs, charognes

Aire : Amérique du Nord, nord-est de la Sibérie

Migration : au besoin, pour suivre ses sources d'alimentation

Habitat : habituellement près de l'eau; crêtes montagneuses pendant la migration

LES PYGARGUES

Pygargue à tête blanche
et pygargue vocifer

Le majestueux pygargue à tête blanche est le deuxième oiseau de proie le plus imposant d'Amérique du Nord; seul le condor de Californie est de plus grande taille. Comme le dit son nom, il est reconnaissable surtout à sa tête entièrement blanche.

Les pygargues à tête blanche passent la majeure partie de leur temps près de l'eau, à la recherche de leur mets préféré : du poisson. Ccs oiseaux gigantesques sont des chasseurs, mais il leur arrive aussi de manger des charognes et de voler les proies d'autres rapaces. Ils peuvent même s'en prendre aux gros balbuzards, allant jusqu'à leur arracher des serres une prise fraîchement attrapée.

Les pygargues à tête blanche ont failli disparaître de l'est de l'Amérique du Nord à cause de l'utilisation d'un pesticide appelé DDT. Le produit étant maintenant interdit, le nombre de ces rapaces a commencé à augmenter.

Le pygargue vocifer est un proche parent du pygargue à tête blanche et, d'après moi, il est encore plus impressionnant à voir. Ce n'est pas un charognard : il se nourrit uniquement de poisson frais qu'il attrape lui-même. Son chant, composé de vocalises claires et sonores, lui a valu le surnom de « voix de l'Afrique ». Il adopte une position particulière pour lancer son cri, en balançant la tête de l'arrière vers l'avant.

Pygargue vocifer

Longueur : de 64 à 74 cm

Envergure : de 1,8 à 2,5 m

Alimentation : poisson

Aire : Afrique, au sud du Sahara

Habitat : près des rivières, des lacs et des côtes

Aigle martial et aigle de Verreaux

L'aigle martial vole tellement haut qu'il est difficile de le distinguer à l'œil nu. Ce redoutable géant plane dans les hauteurs pendant des heures chaque jour et se perche tôt le matin ou en début de soirée. Ce sont les meilleurs moments pour l'apercevoir.

Même s'ils sont capables de tuer des jeunes d'espèces aussi grosses que des impalas, les aigles martiaux préfèrent s'attaquer à des proies plus petites. J'en ai déjà vu un descendre en piqué vers un groupe de mangoustes rayées. Il projetait une ombre immense, et les mangoustes se sont précipitées pour se cacher… mais pas assez vite. En étirant ses grandes pattes et ses longues serres, l'aigle en a saisi une par la tête et l'a emmenée dans un arbre éloigné.

L'aigle de Verreaux est un magnifique oiseau d'Afrique, habitué des canyons, des escarpements et des falaises. Il porte des marques blanches bien visibles sur le dos et sous les ailes, et raffole du daman des rochers, un petit mammifère à fourrure qui ressemble à un rongeur, mais qui est plutôt apparenté aux éléphants.

Les aigles de Verreaux attrapent toujours leurs proies au sol; ils plongent sur elles sans prévenir et les tuent. Ce ne sont pas les rapaces les plus agressifs, mais ils peuvent attaquer de gros animaux, tels les léopards, pour défendre leur nid.

Aigle de Verreaux

Longueur : de 80 à 94 cm

Envergure : jusqu'à 2,5 m

Alimentation : damans des rochers et autres mammifères, notamment jeunes antilopes, agneaux, babouins et lièvres

Aire : est et sud de l'Afrique

Habitat : régions montagneuses

Aigle martial

Longueur : de 79 à 86 cm

Envergure : jusqu'à 2,5 m

Poids : mâle, 5 kg; femelle, 6 kg

Alimentation : damans des rochers et autres mammifères, notamment jeunes antilopes, chacals et babouins

Aire : Afrique, au sud du Sahara, surtout dans l'est du continent

Migration : résident à l'année

Habitat : surtout savane, du désert à la lisière de la forêt; boisés dégagés

Des sens essentiels

Nous nous fions à nos cinq sens – la vue, l'ouïe, l'odorat, le goût et le toucher – pour survivre. Est-ce la même chose pour les oiseaux de proie? Oui, mais ils se servent de ces cinq sens différemment.

La vue

Les oiseaux ont une vue phénoménale. Leurs yeux sont plus gros que les nôtres, par comparaison à la taille de leur tête, et ils voient bien mieux que nous. Ils ne perçoivent pas nécessairement plus de choses, mais ils sont capables de distinguer les détails plus vite et plus clairement. Quand tu regardes la balle qui file vers le marbre, au baseball, elle te paraît floue. Un oiseau comme l'aigle royal (ci-dessous) verrait non seulement la balle distinctement, mais aussi les spectateurs sur les estrades, l'arbitre, les joueurs et même les souris sous les bancs des équipes – tout cela en un instant, avec une précision exceptionnelle.

Tous les oiseaux voient les couleurs, mais les crécerelles ont un avantage supplémentaire : elles perçoivent la lumière ultraviolette. Cette caractéristique les aide à trouver des campagnols, dont l'urine reflète les rayons ultraviolets. Les crécerelles ont aussi des lignes noires sur les joues, comme celles que les joueurs de football se tracent sous les yeux. Ces lignes absorbent les rayons du soleil qui pourraient les aveugler et nuire à leur vision.

Les rapaces diurnes ont les yeux plus en avant sur la tête que les autres oiseaux. Ils ne voient donc pas très bien sur les côtés, mais ils ont une excellente vue vers l'avant. Les rapaces nocturnes sont différents. Comme leurs yeux sont placés sur leur face ronde, leur vue est exceptionnelle vers l'avant, mais pratiquement nulle sur les côtés. Pour compenser ce champ de vision limité, ils ont un cou très flexible, qu'ils peuvent faire tourner sur presque 360 degrés. Ils font ce mouvement tellement vite qu'on a l'impression qu'ils effectuent des rotations complètes. Mais c'est impossible parce que leur cou se briserait!

L'ouïe

Les oiseaux entendent par des ouvertures sur les côtés de leur tête, appelées « orifices auditifs ». Ces ouvertures sont généralement couvertes de plumes. Celles des vautours sont toutefois clairement visibles puisque ces oiseaux n'ont pas de plumes sur la tête.

Les scientifiques pensent que les oiseaux n'ont pas nécessairement l'ouïe plus développée que les humains. Mais les rapaces nocturnes, comme ce grand-duc d'Amérique, se servent souvent de leur ouïe pour localiser leurs proies dans le noir. Comme leurs oreilles ne sont pas placées exactement au même endroit des deux côtés de leur tête, ils peuvent détecter avec une grande précision d'où proviennent les bruits.

Le toucher

Les plumes des oiseaux sont très sensibles, en particulier celles de leurs ailes et de leur queue, dont la base est dotée de terminaisons nerveuses spéciales. Beaucoup d'oiseaux ont également des terminaisons nerveuses sur la langue et le palais; elles leur sont utiles pour trouver de la nourriture. Les oiseaux de proie se servent aussi de leur bec pour tâter les objets, ce qui les aide sûrement pour manger.

Le goût

Les oiseaux n'ont pas beaucoup de papilles gustatives et, comme ils n'ont pas de dents, ils ne mâchent pas leur nourriture. Ils avalent leurs aliments tout ronds, comme l'aigle ravisseur et les deux vautours percnoptères de la page ci-contre, en haut. Malgré tout, certains oiseaux sont capables de goûter leur nourriture pour choisir ce qu'ils aiment. Un chercheur a déjà réalisé des expériences sur le goût avec une chouette rayée en captivité, en lui offrant un jour un crapaud au lieu de la grenouille qui composait habituellement son repas. La chouette a pris le crapaud dans son bec et l'a recraché aussitôt, probablement à cause du poison que dégage la peau du crapaud quand on le dérange. La chouette n'a plus jamais touché à des crapauds et a même cessé de manger des grenouilles, probablement parce qu'elles ressemblaient à des crapauds. Les faucons et les hiboux, quant à eux, rejettent les aliments qui ne sont pas frais.

L'odorat

La plupart des oiseaux de proie ne sentent probablement pas grand-chose, mais un de mes amis biologistes m'a raconté, un jour, une histoire intéressante à propos d'urubus à tête rouge et d'un gazoduc. Il y avait une fuite dans le gazoduc, et les ingénieurs n'arrivaient pas à la localiser. Comme le gaz naturel est inodore, on y ajoute un produit chimique qui lui donne une odeur de nourriture pourrie. Bientôt, des urubus à tête

rouge, comme celui qu'on voit à
droite, ont été attirés par l'odeur
et se sont rassemblés au-dessus
de la fuite, espérant trouver
à manger. Pour repérer
la fuite, les ingénieurs n'ont
eu qu'à suivre les urubus qui
tournoyaient un peu plus haut.

Les sarcoramphes rois ont,
eux aussi, un odorat relativement
développé. Ce n'est pas le cas
des urubus noirs et des condors,
mais ces oiseaux observent et
suivent les urubus à tête rouge
et les sarcoramphes rois pour
trouver à manger.

Faucon pèlerin

Longueur : de 38 à 51 cm

Envergure : de 1,1 à 1,2 m

Poids : mâle, de 0,6 à 0,8 kg; femelle, de 0,9 à 1,4 kg

Alimentation : petits oiseaux; à l'occasion, gros insectes et mammifères

Aire : tous les continents sauf l'Antarctique

Migration : les oiseaux du nord vont au sud vers les climats plus chauds; ceux du sud migrent sur de courtes distances

Habitat : campagne dégagée à proximité de falaises rocheuses; rivage des océans et des baies; ponts et châteaux d'eau; villes

LES FAUCONS

Faucon pèlerin et fauconnet d'Afrique

Les faucons pèlerins ont des aptitudes extraordinaires pour le vol. En fait, ce sont probablement les oiseaux les plus rapides au monde – de véritables fusées à plumes, capables d'atteindre des vitesses d'au moins 80 kilomètres à l'heure. Le faucon pèlerin se nourrit surtout d'autres oiseaux. Quand il repère une proie, il fond sur elle, la frappe à la tête avec ses serres bien aiguisées et la transporte ensuite, inconsciente, vers son perchoir. Le mâle peut parfois passer sa proie à sa compagne en plein vol. La femelle vole au-dessous de lui et se tourne sur le dos pour saisir l'oiseau qu'il lui tend.

Dans les années 1950, le nombre de faucons pèlerins avait connu une baisse inquiétante à cause de l'utilisation des pesticides. Les efforts pour sauver cet oiseau exceptionnel ont porté fruit, grâce à des programmes de reproduction en captivité et à l'interdiction du DDT. Aujourd'hui, on voit souvent des nids de faucons pèlerins dans les villes, au sommet de hauts immeubles, où ils trouvent des pigeons à manger en abondance.

Le fauconnet d'Afrique est à peu près de la même taille que le merle d'Amérique. Sous ses plumes douces et son apparence duveteuse se cache un chasseur sans pitié, qui se nourrit d'insectes et de petits oiseaux. Ce petit rapace agressif s'installe dans les nids abandonnés par un autre oiseau, l'alecto à tête blanche. En échange de cette hospitalité, il éloigne les prédateurs des autres alectos qui nichent dans les environs.

Fauconnet d'Afrique

Longueur : de 18 à 20 cm

Envergure : 38 cm

Alimentation : gros insectes, petits lézards; à l'occasion, oiseaux et petits rongeurs

Aire : Afrique de l'Est

Habitat : brousse sèche et dégagée; régions boisées jusqu'à 1 600 m au-dessus du niveau de la mer

Faucon gerfaut et crécerelle d'Amérique

L'Arctique regorge de magnifiques espèces animales, dont la plus spectaculaire est sans aucun doute le faucon gerfaut. Avec son air majestueux, il incarne la force et la dignité. Il est le plus gros des faucons, et son plumage peut être foncé, gris ou blanc, toujours tacheté et rayé de couleurs contrastantes.

À la chasse, le faucon gerfaut s'élance comme une flèche vers un oiseau qui vole au-dessus de lui et le frappe avec ses pieds, ce qui brise généralement le sternum de sa victime; il peut aussi le rabattre au sol avant de le tuer.

La crécerelle d'Amérique, d'une élégance sans pareille, est le plus petit faucon d'Amérique du Nord. C'est une minuscule aristocrate, compacte et gracieuse. Elle écarte les plumes du bout de ses ailes pour pouvoir voler plus facilement et plus silencieusement. La crécerelle chasse surtout le matin et en fin d'après-midi. Pendant la journée, tu la verras parfois perchée sur un fil électrique, agitant la queue de haut en bas.

Faucon gerfaut

Longueur : de 51 à 64 cm

Envergure : de 1,2 à 1,4 m

Poids : mâle, de 0,9 à 1,4 kg; femelle, de 1,1 à 2 kg

Alimentation : oiseaux, surtout des lagopèdes; à l'occasion, petits mammifères

Aire : nord de l'hémisphère Nord

Migration : seuls les résidents des régions les plus au nord migrent

Habitat : marais, campagnes découvertes; toundra des contreforts montagneux; montagnes, falaises de bord de mer, escarpements le long des rivières; niche sur les corniches des falaises

Crécerelle d'Amérique

Longueur : de 23 à 30 cm

Envergure : de 51 à 62 cm

Alimentation : insectes, chauves-souris, souris, lézards, petits serpents, grenouilles

Aire : du nord de l'Amérique du Nord jusqu'au Mexique, aux Antilles et en Amérique du Sud

Habitat : lisière des forêts, champs découverts, bord des routes, plaines arides, déserts

Les plumes et le vol

Les oiseaux sont les seules créatures du monde animal à avoir des plumes, qui les protègent de la chaleur et du froid. L'eau glisse aussi sur eux sans qu'ils se mouillent, ce qui est utile pour les oiseaux aquatiques comme le balbuzard pêcheur (ci-dessous). Les oiseaux peuvent, en outre, orienter leurs plumes pour voler plus facilement et les ébouriffer pour se protéger du vent. Enfin, les plumes agrémentent leur coloration et leur beauté en formant, par exemple, des huppes et de longues queues.

Le plumage des oiseaux de proie n'est pas aussi brillamment coloré que celui de beaucoup d'autres. Il se décline le plus souvent dans des teintes de brun, de blanc, de gris et de rouille. C'est ce qui permet à ces oiseaux de se fondre dans le paysage quand ils chassent, et d'échapper au regard de leurs ennemis qui pourraient chercher à voler leurs œufs ou leurs petits sans défense.

Ce qui ne veut pas dire que les rapaces sont ternes, loin de là. La crécerelle d'Amérique (ci-contre, en haut) est une véritable tapisserie de couleurs : avec son plumage gris moucheté de bleu, et brun parsemé de rouge, elle se démarque des autres faucons. Le secrétaire a pour sa part une huppe voyante, et l'urubu à tête rouge a beau avoir des plumes noires, sa tête nue est d'un rouge éclatant. Le harfang des neiges, avec son plumage blanc tacheté de noir,

ressemble à la plus douce des hermines.
Quant à la buse de Harris, elle semble d'un
brun foncé uniforme, mais ses ailes et ses pattes
s'ornent de taches rouilles, et sa queue est bordée
d'une ligne blanche qu'elle laisse entrevoir en vol.

De tous les oiseaux, les rapaces sont les mieux
adaptés au vol. Beaucoup de buses et de vautours planent
lorsqu'ils cherchent de la nourriture. Le condor de Californie
(ci-contre, en haut) peut se laisser porter ainsi pendant des
heures par les courants atmosphériques, très haut au-dessus
du sol, en donnant à peine quelques coups d'ailes de temps

en temps. Les faucons,
eux, se servent de leurs
ailes courtes et de leur longue
queue pour voler rapidement
et se diriger avec précision dans
les bois et autour des bâtiments.

Les hiboux, comme l'effraie des clochers
(à gauche), ont sous les ailes des plumes très
soyeuses, dentelées comme une scie. C'est
ce qui rend leur vol silencieux. Ils peuvent
ainsi entendre clairement leurs proies et s'en
approcher sans faire de bruit, ce qui ne laisse
guère de chances de s'enfuir à leurs victimes.

Milan noir

Longueur : de 55 à 60 cm

Envergure : de 1,3 à 1,6 m

Poids : de 0,6 à 1,2 kg

Alimentation : lézards, petits mammifères, insectes, charognes

Aire : Australie, Afrique, Asie, Europe

Migration : se déplace vers les climats plus chauds en hiver; certains sont résidents à l'année

Habitat : diversifié, notamment champs, plaines, prés et bord de l'eau

Milan noir et
milan à queue fourchue

Le milan noir est l'oiseau de proie le plus commun au monde. Il couvre un immense territoire, vit dans un habitat très diversifié et tolère très bien les humains. J'ai vu ces milans noirs (ci-contre) dans un palais du XVIe siècle, le City Palace d'Udaipur, dans le nord de l'Inde, où ils volent souvent les aliments laissés en offrande aux dieux.

Comme il est léger, le milan noir peut s'envoler plus tôt dans la journée que les oiseaux plus lourds, qui doivent attendre que l'air se réchauffe avant de pouvoir prendre assez d'altitude pour planer sur les courants chauds. Les milans noirs mangent des insectes en vol et tournoient souvent en grands groupes, ce qui est inhabituel chez les rapaces. En Australie, on en a déjà vu des milliers planer ensemble au-dessus d'une ferme porcine.

Le milan à queue fourchue passe la majeure partie de ses journées dans les airs, sauf quand il pleut. Magnifique et élégant, avec sa longue queue très échancrée semblable à celle des hirondelles, cet oiseau noir et blanc semble dominer le ciel. Il bat rarement des ailes, mais oriente sa queue pour tourner ou maintenir son cap.

Plutôt que de se poser pour attraper ses proies, le milan à queue fourchue vole souvent à faible altitude au-dessus de la végétation et attrape au passage de gros insectes dans ses serres. Il peut aussi boire en vol, en frôlant la surface d'un plan d'eau.

Milan à queue fourchue

Longueur : de 48 à 65 cm

Envergure : de 1,1 à 1,2 m

Alimentation : insectes, petits serpents, lézards, grenouilles, petits oiseaux

Aire : sud des États-Unis et Mexique; Amérique centrale et Amérique du Sud

Habitat : marais et marécages; bord des rivières, des étangs et des lacs; forêts claires

Balbuzard pêcheur et secrétaire

Le balbuzard pêcheur est l'un des oiseaux de proie les plus connus. Il plonge dans l'eau, les pieds en premier et les ailes relevées, et disparaît dans une éclaboussure pour pêcher. Quand il émerge, il rapporte sur son perchoir le poisson qu'il vient d'attraper, en le tenant la tête vers l'avant pour réduire la résistance de l'air. Le dessous de ses griffes est hérissé de spicules qui l'aident à maintenir solidement des poissons glissants. Le balbuzard pêcheur secoue ses plumes en vol pour en faire sortir l'eau. Son plumage hirsute lui donne un air un peu dément quand il est mouillé, mais c'est un des animaux les plus intéressants à observer en action.

Avec ses pattes très longues et ses serres courtes, le secrétaire ne ressemble pas du tout à un oiseau de proie. Il est capable de voler avec grâce, mais il chasse surtout au sol en courant après ses proies avec ses grandes pattes. Les serpents constituent son mets préféré. Lorsqu'il en voit un, il saute dessus, le frappe durement avec ses pieds puissants et lui assène le coup de grâce avec l'arrière de ses serres, peu acéré.

Le nom du secrétaire remonte au XIXe siècle. À cette époque, les secrétaires avaient l'habitude de déposer derrière leurs oreilles les plumes d'oie dont ils se servaient pour écrire, ce qui leur donnait une certaine ressemblance avec cet oiseau à la tête ornée de longues plumes.

Secrétaire

Longueur : 140 cm

Envergure : de 2 à 2,2 m

Alimentation : serpents et autres reptiles, petits mammifères, oisillons et œufs

Aire : Afrique, au sud du Sahara

Habitat : savane et prairies

Balbuzard pêcheur

Longueur : de 51 à 63,5 cm

Envergure : de 1,3 à 1,8 m

Poids : mâle, de 1,1 à 1,6 kg; femelle, de 1,2 à 2 kg

Alimentation : poissons d'eau douce et d'eau salée

Aire : partout dans le monde, sauf en Antarctique

Migration : les populations les plus au nord migrent vers des climats plus chauds

Habitat : bord des lacs, des rivières et des océans

Du bec aux serres

Comment arrive-t-on à identifier un oiseau qu'on ne connaît pas? Il faut d'abord noter sa taille et sa forme, et puis sa façon de voler ou de se percher.

Si le bec est épais, pour briser des graines, c'est un roselin. S'il est long et mince, c'est plutôt un colibri. Et qu'est-ce qui pourra t'aider à identifier les oiseaux de proie, comme cette buse à queue rousse (à droite)? Regarde le bec et les serres. Ce sont les instruments dont les rapaces se servent pour chasser. Leurs autres outils perfectionnés – leur vue perçante, leur ouïe exceptionnelle, leur façon de voler – ne leur serviraient à rien sans ces attributs particuliers.

Le bec

Le bec crochu et acéré des rapaces comme celui de ce faucon gerfaut (à gauche) est un outil très polyvalent. Il sert à tâter et à transporter les aliments et les matériaux qui formeront le nid, ainsi qu'à déchirer la chair d'un animal fraîchement tué. La partie supérieure de ce bec, près de la face, est molle et dense. L'oiseau peut ainsi ouvrir la bouche plus grand, ce qui lui procure plus d'aisance pour manger.

Le bec de chaque espèce est conçu pour répondre à ses besoins particuliers. Celui du hibou des marais, par exemple, est assez fort pour tuer un petit animal d'un seul coup en se refermant sur sa nuque. Et il peut s'ouvrir assez grand pour permettre au hibou d'avaler sa proie tout rond. En revanche, la plupart des vautours ont un bec trop fragile pour déchirer de la chair fraîche. Ils doivent donc attendre que la viande dont ils se nourrissent pourrisse et ramollisse.

Les pieds et les serres

Les rapaces, tant diurnes que nocturnes, ont de longs doigts pointus appelés « serres ». Ces serres leur sont utiles pour attraper leurs proies, les transporter vers leur perchoir et les déchiqueter. La chevêche des terriers se sert, quant à elle, de ses grandes pattes et de ses longs pieds pour creuser ses terriers. Elle chasse souvent en courant sur le sol, à la recherche d'insectes et de petits animaux qu'elle attrape dans ses serres.

Tous les oiseaux, y compris les rapaces, ont trois doigts pointés vers l'avant et un doigt pointé vers l'arrière, à quelques exceptions près. Les doigts du balbuzard pêcheur (deux pointés vers l'avant, deux pointés vers l'arrière), par exemple, sont disposés ainsi, sans doute pour que l'oiseau puisse transporter les poissons qu'il attrape. Les hiboux, eux, peuvent faire pivoter leur doigt externe de l'avant vers l'arrière. J'ai peint ce grand-duc de Verreaux (à droite) perché sur une branche avec deux doigts vers l'avant et deux doigts vers l'arrière.

Gypaète barbu et vautour africain

Le gypaète barbu, un magnifique vautour qui vit dans les montagnes et sur les falaises, est reconnaissable à son masque noir et aux plumes qui lui font une barbe sous le bec. Il chasse en planant dans les hauteurs et niche sur des corniches abritées où il élève ses petits. Je n'oublierai jamais ce matin, dans les Pyrénées espagnoles; quelqu'un m'avait parlé d'une falaise sur laquelle un gypaète barbu avait construit son nid. Quand j'y suis arrivé avec mes compagnons, nous avons aperçu dans le nid un oisillon qui battait des ailes. Nous l'avons observé jusqu'à ce qu'une ombre se dessine sur la falaise et qu'un des parents, les plumes dorées de son cou brillant au soleil, vienne se poser pour nourrir son petit.

Le gypaète barbu est bien connu pour sa méthode très particulière de tirer la moelle des os. Il transporte les os jusqu'à 60 mètres dans les airs et les laisse tomber sur un rocher. Il répète ce manège jusqu'à ce que les os finissent par se briser, libérant la moelle. L'oiseau avale alors le tout…les fragments d'os avec la moelle. Son système digestif dissout les os et absorbe la moelle.

Le vautour africain trouve des charognes en suivant les vautours plus petits qui planent à plus faible altitude. Quand il déploie ses ailes pour aller les rejoindre, les marques caractéristiques de son dos blanc sont visibles pour les vautours qui volent plus haut, et qui se dirigent à leur tour vers la carcasse. Il arrive que 200 vautours se rassemblent autour d'une seule carcasse, qu'ils nettoient en une heure à peine!

Vautour africain

Longueur : 95 cm

Envergure : 2 m

Alimentation : charognes, criquets et termites

Aire : Afrique, du sud du Sahara à l'Afrique du Sud

Habitat : savane et forêts claires

Gypaète barbu

Longueur : 110 cm

Envergure : 2,7 m

Poids : jusqu'à 7,7 kg

Alimentation : charognes, surtout les organes internes; tortues, petits mammifères, petits oiseaux; os, moelle

Aire : Asie, sud de l'Europe, nord de l'Afrique

Migration : résident à l'année

Habitat : régions montagneuses reculées, corniches de falaises

Urubu à tête rouge et sarcoramphe roi

Chaque printemps, quand j'habitais dans le sud de l'Ontario, j'attendais impatiemment le retour des urubus à tête rouge. À cette époque-là, ils étaient moins courants qu'aujourd'hui, et il était toujours fascinant de les voir perchés dans la position classique des vautours, en attendant que la journée se réchauffe. Il y a des gens qui ne les trouvent pas très beaux, mais en vol, ils sont vraiment magnifiques. Avec leurs ailes déployées en « V », ils peuvent rester dans les airs pendant des heures, à osciller lentement d'un côté à l'autre bien au-dessus du sol. Leur odorat exceptionnel leur permet de trouver des charognes beaucoup plus bas.

Tous les vautours emploient des méthodes intéressantes pour se protéger des bactéries dangereuses. Ils peuvent nettoyer facilement leur tête sans plumes après un festin de viande pourrie et ils ont, dans l'estomac, des enzymes spéciales qui dissolvent les bactéries. Les urubus à tête rouge utilisent aussi un moyen de défense supplémentaire : ils urinent sur leurs pattes. Les acides présents dans leur urine détruisent les bactéries qu'ils attrapent en marchant dans leur nourriture en décomposition.

Les couleurs vives des sarcoramphes rois les aident à retrouver leurs congénères dans les forêts où ils vivent. Ces oiseaux planent très haut au-dessus de la jungle, parfois en groupe pouvant atteindre 10 individus, à la recherche de charognes sur le sol. Comme ils sont plus gros que les autres vautours et qu'ils ont un bec plus fort, ils peuvent tuer leurs rivaux; ils ont donc la première place autour des carcasses. Les autres vautours, plus faibles, doivent attendre que les sarcoramphes aient fini leur repas et se contenter des restes.

Sarcoramphe roi

Longueur : de 71 à 81 cm

Envergure : 2 m

Alimentation : charognes de toutes sortes; capable de tuer des reptiles et des veaux

Aire : sud du Mexique, Amérique centrale et Amérique du Sud

Habitat : forêts

Urubu à tête rouge

Longueur : de 66 à 81 cm

Envergure : de 1,7 à 1,8 m

Poids : de 2 à 2,2 kg (femelle légèrement plus grosse)

Alimentation : carcasses de toutes sortes, fraîches ou en putréfaction

Aire : du sud du Canada au sud de l'Amérique du Sud; Bahamas, Antilles

Migration : les oiseaux qui vivent le plus au nord migrent vers le sud en hiver

Habitat : plaines, déserts, forêts, jungle

Harfang des neiges et effraie des clochers

Presque chaque hiver, aussi loin que je me souvienne, j'ai vu des harfangs des neiges qui avaient quitté l'Arctique, où ils nichent, et migré vers les régions plus au sud. Au contraire des autres hiboux, ces magnifiques oiseaux blancs sont des chasseurs diurnes. Leur excellente ouïe leur permet de trouver des proies même dans les herbes denses ou la neige profonde. Dans l'Arctique, ils se nourrissent surtout de lemmings, petits mammifères semblables à des hamsters qui se creusent des terriers dans la neige.

Un jour que j'observais un harfang des neiges dans un champ, les jumelles devant les yeux, il m'a aperçu et m'a fixé quelques instants de ses gros yeux jaunes. Si la même chose t'arrive un jour, tu ne l'oublieras jamais!

Les effraies des clochers sont reconnaissables à leur face en forme de cœur. Elles ont l'habitude de se percher pendant le jour dans des granges, des cavernes, des trous dans les arbres et d'autres cachettes. Elles chassent la nuit en volant silencieusement au-dessus des champs à la recherche de petits animaux. Leur ouïe est presque sans égale dans le royaume animal.

Harfang des neiges

Longueur : de 51 à 69 cm

Envergure : de 1,3 à 1,6 m

Poids : mâle, de 1,4 à 1,8 kg; femelle, de 1,8 à 2,7 kg

Alimentation : lemmings, souris, oiseaux, poissons, animaux marins

Aire : Arctique

Migration : en fonction des sources de nourriture, au sud du Canada et au nord des É.-U.

Habitat : toundra et terres dénudées

Effraie des clochers

Longueur : de 35 à 51 cm

Envergure : de 1 à 1,1 m

Alimentation : petits mammifères; à l'occasion, oiseaux

Aire : Amérique du Nord, Europe, Asie, Afrique

Habitat : prés, champs, villes et villages, fermes (niche parfois dans les granges)

Chouette hulotte
et petit-duc maculé

La chouette hulotte a les yeux tout noirs et n'a pas d'aigrettes sur la tête. C'est un oiseau plutôt trapu, dont le plumage peut varier du gris au roux. La nuit, elle se perche sur un arbre, à l'affût. Quand elle entend une proie, elle vole silencieusement à travers la forêt et fond sur sa victime. Elle la couvre de ses ailes et la tue instantanément d'un coup de serres. Pendant le jour, la chouette hulotte s'installe sur une branche et se colle contre le tronc, surtout si les oiseaux chanteurs des environs l'ont aperçue et lancent des cris d'alarme.

Si tu vois une jeune chouette hulotte en dehors de son nid, ne t'approche pas. La mère pourrait te prendre pour un prédateur et t'attaquer.

Avec mes amis, dans la région de Toronto, nous parcourions souvent les vergers à la recherche de petits-ducs maculés. Nous regardions dans les troncs d'arbres creux, dans l'espoir d'en trouver un caché à l'intérieur et de réussir à l'en faire sortir. Il y en avait parfois un perché dans les arbres tout près, mais sa couleur se confondait avec l'écorce et nous l'apercevions seulement au moment de partir. Ce petit hibou d'Amérique du Nord a deux cris différents : son cri d'appel, un hululement sifflé sur une seule note, et son cri territorial, un « hou-hou-hou » descendant qui fait penser à un fantôme. Certaines personnes trouvent ce son lugubre, mais pour moi, il est plutôt agréable et apaisant.

Petit-duc maculé

Longueur : de 18 à 25 cm

Envergure : de 46 à 61 cm

Alimentation : souris, musaraignes, autres mammifères; insectes, petits reptiles et amphibiens

Aire : sud-est de l'Alaska et sud du Canada; États-Unis et une partie du Mexique

Habitat : villages, boisés, vieux vergers, canyons boisés, étendues de cactus géants

Chouette hulotte

Longueur : de 37 à 43 cm

Envergure : de 81 à 96 cm

Poids : mâle, de 300 à 650 g; femelle, de 410 à 800 g

Alimentation : rongeurs, petits oiseaux

Aire : Europe, Afrique du Nord et certaines parties de l'Asie

Migration : résidente à l'année

Habitat : forêts de feuillus, fermes, parcs, grands jardins

La vie de famille

La clé de la survie, pour toutes les créatures vivantes, c'est l'attention prêtée aux petits. Les rapaces, redoutables et impitoyables à la chasse, ressemblent à tous les autres oiseaux quand vient le temps de fonder une famille. Ils doivent nourrir et protéger leurs petits jusqu'à ce que ceux-ci soient assez grands et assez forts pour se débrouiller seuls. Comme les jeunes rapaces se développent plutôt lentement, cette étape est plus longue que pour la plupart des autres oiseaux.

La parade nuptiale

La majorité des oiseaux de proie forment des couples pour la vie. Le mâle courtise la femelle en lui montrant ses capacités en vol et, parfois, en lui apportant à manger. Plus il trouvera de nourriture pour elle à ce moment-là, plus elle sera convaincue qu'il prendra bien soin d'elle et de leurs petits plus tard.

Le nid

Beaucoup d'oiseaux de proie nichent en hauteur, par exemple dans des arbres et sur des falaises, ou même sur des plates-formes aménagées par les humains. Les balbuzards pêcheurs (ci-dessus) profitent souvent de ces plates-formes pour construire leurs nids, de véritables merveilles d'ingénierie. Les mâles transportent les matériaux sur le site de nidification, et les femelles s'occupent de la construction. Elles utilisent de grosses branches pour former le fond du nid, et le remplissent de branches plus petites et d'autres végétaux. Elles le tapissent ensuite de matériaux plats – même de sacs de plastique – pour éviter que les œufs ne tombent par les interstices. Les balbuzards pêcheurs réutilisent chaque année le même nid, qu'ils renforcent et réparent au besoin.

Les œufs et l'éclosion

Les oiseaux de proie pondent parfois leurs œufs dès la fin de l'hiver; leurs petits éclosent donc au début du printemps. Les rapaces diurnes pondent au moins quatre œufs en même temps et peuvent les couver pendant huit semaines au maximum. Plus les œufs sont gros, plus la période d'incubation est longue. C'est la femelle qui s'en occupe, pendant que le mâle chasse afin de trouver la nourriture pour sa compagne et lui-même. Plus tard, il apportera aussi de la nourriture aux oisillons. Les oiseaux n'ont qu'une seule dent, appelée « diamant », dont ils se servent pour briser leur coquille. Cette dent tombe après l'éclosion.

Une fois éclos, les jeunes rapaces se livrent parfois une concurrence féroce. Les effraies des clochers peuvent avoir plus de huit œufs, dont la ponte s'échelonne sur plusieurs jours. Les années où la nourriture est peu abondante, les oisillons qui éclosent en dernier sont trop petits pour faire concurrence aux autres et meurent. Souvent, les plus vieux les mangent.

D'autres chasseurs

Les petits rapaces sont démunis à la naissance. Leurs parents doivent donc s'occuper d'eux, souvent pendant de nombreuses semaines, avant qu'ils soient capables de voler et de chasser seuls. L'autour des palombes est particulièrement protecteur, et il n'est pas rare qu'il attaque avec ses serres puissantes des randonneurs qui passent près de son nid.

Quand les jeunes balbuzards pêcheurs (à droite) sont presque prêts à quitter le nid, ils s'avancent au bord en agitant les ailes. S'ils essaient de s'envoler avant d'en être capables et qu'ils tombent au sol, ils n'ont à peu près aucune chance de survivre.

D'autres chasseurs

Les rapaces sont sans doute les chasseurs les plus connus du monde des oiseaux, mais ils ne sont pas les seuls. Beaucoup d'oiseaux mangent des insectes, par exemple les moucherolles et même les colibris. Les merles d'Amérique mangent des vers. Et de nombreux oiseaux barboteurs, comme les grands hérons (ci-contre, à droite), se nourrissent de poissons, de grenouilles et même de petits mammifères qu'ils trouvent sur le rivage.

La pie-grièche migratrice (à gauche) est un oiseau chanteur carnivore. Elle a un bec court et crochu, des pattes et des pieds très robustes, et des griffes acérées bien adaptées pour attraper des proies. Elle se nourrit d'insectes, de petits reptiles, de mammifères, de petits oiseaux et d'oisillons. Comme les rapaces, la pie-grièche fond sur sa proie avant de l'emporter et la tue d'un coup de son bec, au bout duquel se trouve une saillie très dure. Ses pieds et ses serres ne sont cependant pas aussi forts que ceux des rapaces. Elle empale donc ses victimes sur une épine, une tige ou un fil de fer barbelé. Elle peut aussi les coincer au creux d'une branche fourchue pour les manger ou les entreposer quelque temps.

Les engoulevents – une famille d'oiseaux à laquelle appartient notamment l'engoulevent bois-pourri – ne sont pas des rapaces. Ils se nourrissent d'insectes, qu'ils

attrapent généralement au vol, au
crépuscule ou la nuit. On entend souvent
leur cri sourd quand ils tournoient autour des
lampadaires ou des projecteurs des stades, où les
insectes se rassemblent quand il fait noir. L'engoulevent
d'Amérique est typique de cette famille, avec son plumage
tacheté, sa face moustachue et son bec court et recourbé.

Même les vautours ont des concurrents parmi les
autres oiseaux. La corneille et le corbeau sont tous les deux
omnivores : ils mangent de la viande, des graines, des fruits,
des déchets et des charognes. On en voit souvent sur la route,
en train de dépecer un animal tué par une voiture.

Le manchot royal (ci-dessous) chasse sous l'eau pour
trouver les poissons, les calmars et le krill – une petite
créature semblable à la crevette – dont il se nourrit.

Épilogue

Les oiseaux de proie jouent un rôle important dans la nature. En tuant des animaux pour s'en nourrir, ces chasseurs aident à maintenir l'équilibre des populations. Et, en mangeant les « restes », les charognards détruisent les bactéries et les autres parasites nuisibles. Toutefois, malgré leur force et leur férocité, ce sont des oiseaux extrêmement vulnérables, et ils sont souvent les premiers à nous signaler que nous causons des dommages à notre environnement.

L'utilisation du pesticide appelé DDT est l'exemple le plus connu à cet égard. Dans les années 1950 et 1960, les agriculteurs et les jardiniers utilisaient largement le DDT pour débarrasser les cultures et les plantes des parasites. Ce pesticide, ingéré par les petits oiseaux et les petits mammifères herbivores, a fini par se retrouver dans le corps des rapaces qui mangeaient ces espèces. À cause du DDT, les coquilles de leurs œufs étaient trop molles et trop fragiles pour que les petits puissent se développer convenablement. Des oiseaux comme le faucon pèlerin, le balbuzard pêcheur, le pygargue à tête blanche et d'autres rapaces étaient menacés de disparition. Heureusement,

grâce à des observateurs vigilants qui se sont inquiétés et ont sensibilisé le grand public à ce danger, le DDT est maintenant interdit. Les oiseaux ont été sauvés, et leur nombre a augmenté. Les faucons pèlerins ont été réintroduits avec succès dans de nombreuses villes d'Amérique du Nord, comme ceux qu'on voit ici (à gauche) sur la corniche d'un immeuble de Milwaukee.

Beaucoup d'oiseaux de proie sont aujourd'hui menacés à cause de l'utilisation d'autres pesticides et de la disparition de leur habitat. La chevêche des terriers (à droite), par exemple, vit dans les grands champs à végétation basse, où d'autres animaux ont déjà creusé des terriers. Le développement de la population humaine dans ces régions représente toutefois une menace pour cet oiseau. Quant à la chouette tachetée, elle vit dans les forêts anciennes du nord-ouest de l'Amérique du Nord, qui ne cessent de rétrécir à cause de l'exploitation forestière et de la construction d'habitations. Les populations de buses à épaulettes ont aussi diminué à cause de la disparition d'une partie de leur habitat forestier. Et ce ne sont là que quelques exemples.

Bien qu'on ait déjà vu un rapace diurne atteindre 38 ans dans la nature, beaucoup ont une espérance de vie moyenne d'un ou deux ans seulement. Voilà qui illustre bien les dangers de la vie sauvage pour ces magnifiques chasseurs. Ces dangers viennent souvent d'autres prédateurs ou de pénuries alimentaires naturelles, mais les humains sont eux aussi à blâmer.

Nous pouvons faire notre part pour la survie des oiseaux de proie. Nous pouvons, par exemple, continuer à créer des réserves où les oiseaux et les autres animaux pourront vivre sans danger. Nous pouvons prendre conscience des effets de notre mode de vie sur ces créatures. Et surtout, nous pouvons apprendre à les connaître et essayer de comprendre leurs comportements. Plus nous en saurons sur ces merveilleux oiseaux, mieux nous réussirons à les protéger pendant des années encore.

Glossaire

Charogne : Chair en décomposition des animaux morts.

Couver : Garder les œufs au chaud entre la ponte et l'éclosion, ce qui est essentiel pour que les oisillons se développent. C'est généralement la mère qui s'en charge, en se couchant sur les œufs.

Disparu : Qui n'existe plus. Ce terme est utilisé pour les espèces dont la population a été complètement exterminée, par exemple la tourte voyageuse.

Envergure : Étendue des ailes déployées, du bout d'une aile à l'autre.

Fauconnerie : Art de chasser avec des oiseaux dressés pour tuer des animaux et les rapporter.

Gibier à plumes : Oiseau chassé couramment par les humains, par exemple la caille, le canard ou le faisan.

Invertébré : Catégorie d'animaux sans colonne vertébrale, entre autres les insectes, les vers et les crustacés.

Percher (se) : S'installer dans un endroit élevé pour se reposer ou dormir, par exemple sur une branche, une poutre ou un fil de téléphone.

Pesticide : Produit chimique servant à tuer les parasites, en particulier les insectes qui causent des dommages aux cultures ou dans les jardins.

Planer : Voler silencieusement, sans battre des ailes, souvent en tournoyant lentement.

Reproduction en captivité : Mesures visant à encourager des animaux à se reproduire dans un habitat protégé, par exemple un zoo, pour en préserver l'espèce.

Résistance de l'air : Force de l'air contre un objet en mouvement.

Spicules : Petits crochets pointus orientés vers l'arrière du pied.

Tendons : Bandes de tissu résistant, reliant les muscles aux os.

Ultraviolette : Type de lumière invisible à l'œil nu.

Remerciements

Les auteurs et Madison Press Books tiennent à exprimer leurs remerciements à William McIlveen pour ses services de consultation et de recherche. Et, comme d'habitude, à Alex Fischer qui est toujours là quand on a besoin d'elle.

Nancy Kovacs est auteure, réviseure et naturaliste amateur. Elle a travaillé comme rédactrice pour Ontario Nature (la Fédération des naturalistes de l'Ontario) et l'Institut pontifical d'archéologie chrétienne. Plus récemment, elle a été l'éditrice d'un autre ouvrage de Robert Bateman, *Les oiseaux de mon jardin*.

Les oiseaux de proie est une production de MADISON PRESS BOOKS
1000, rue Yonge, bureau 200
Toronto (Ontario) Canada M4W 2K2
www.madisonpressbooks.com

Éditrice intellectuelle : Carolyn Jackson
Directrice : Imoinda Romain
Directrice de la rédaction : Wanda Nowakowska

Directrice artistique : Diana Sullada

Responsable de la production : Sandra L. Hall
Directrice de la production : Susan Barrable

Éditeur : Oliver Salzmann